# SOCIÉTÉ

## DES

# FORGES ET CHANTIERS

## DE LA

# MÉDITERRANÉE

# M. ARMAND BÉHIC

PRÉSIDENT DU CONSEIL D'ADMINISTRATION

DE LA SOCIÉTÉ DES

FORGES ET CHANTIERS DE LA MÉDITERRANÉE

1855-1891

*Phototypie Berthaud, Paris.*

# M. A. JOUËT-PASTRÉ

PRÉSIDENT DU CONSEIL D'ADMINISTRATION

DE LA SOCIÉTÉ DES

FORGES ET CHANTIERS DE LA MÉDITERRANÉE

SOCIÉTÉ ANONYME

DES

# FORGES ET CHANTIERS DE LA MÉDITERRANÉE

(1856-1906)

La Société des Forges et Chantiers de la Méditerranée atteint maintenant cinquante années d'existence.

Après cette longue période de fonctionnement industriel, il n'est peut-être pas inopportun de jeter un regard vers le passé.

Un historique succinct de la marche de la Société et de ses travaux pendant ces cinquante années montrera comment, grâce à un labeur persévérant et heureux, se sont élargis les horizons qu'entrouvrait le rapport du Conseil à la première Assemblée générale des actionnaires (14 août 1856) sur les chances dans l'avenir de la nouvelle entreprise et la nécessité d'augmenter ses moyens d'action pour arriver à son maximum de développement et d'activité.

Vers le milieu du $xix^e$ siècle, l'industrie des constructions navales entre dans une ère nouvelle par la substitution à peu près complète des matériaux métalliques au bois pour la construction des coques. Les appareils moteurs et évaporatoires vont se perfectionner sans cesse en même temps que leur puissance s'accroîtra, tant par l'augmentation du tonnage des bateaux que par la demande de vitesses de plus en plus grandes.

La cuirasse fait, d'autre part, son apparition pour la protection des navires de combat, amenant la nécessité de la transformation complète des flottes de guerre, pendant que les autres progrès de la

mécanique et de la métallurgie conduisaient au renouvellement de l'outillage de la navigation du commerce.

C'est à cette époque que les affaires industrielles et commerciales se transforment et prennent des développements nouveaux par le groupement des capitaux et la formation des Sociétés.

Les diverses circonstances que nous venons de rappeler amenèrent en 1853 la réunion, sous le nom de Société des Forges et Chantiers de la Méditerranée, d'établissements de fondation antérieure : Chantiers de Constructions navales à la Seyne, Ateliers mécaniques à Marseille au faubourg de Menpenti, Forges également à Marseille au faubourg de la Capelette.

Cette Société se trouva bientôt chargée de nombreux travaux, pour la confection desquels ne tarda pas à se manifester une disproportion avec les moyens d'action, sur la base desquels elle avait été constituée ;

elle rencontra de ce fait de nombreuses difficultés pour l'exécution de ses contrats.

Il apparut alors nécessaire de rechercher une combinaison nouvelle en attendant la solution de laquelle, dans les premiers mois de l'année 1855, les établissements furent placés sous la gestion provisoire d'une Société formée sous la raison sociale Simons, Revenaz, Béhic et C<sup>ie</sup>.

Tels sont les faits qui ont amené la constitution de la Société nouvelle des Forges et Chantiers de la Méditerranée, dont les statuts furent signés le 10 mai 1856, en l'étude de M<sup>e</sup> Julien Yver, notaire à Paris; la durée de la Société était fixée à trente ans à compter de l'autorisation, alors nécessaire, du Gouvernement, qui fut donnée par décret du 21 mai 1856. La première Assemblée générale des actionnaires eut lieu le 14 août suivant.

Le capital de la Société nouvelle était fixé à 4 millions de francs, divisé en 10.000 actions ou parts sans indication de valeur, mais qui ressortaient en fait à 400 francs, le fonds social figurant dans les écritures pour 4 millions de francs. 5.000 de ces actions étaient attribuées, comme apport, à l'ancienne Société.

Pour accroître le fonds de roulement, l'Assemblée générale du 14 août 1856 vota une augmentation de capital par l'émission de 6.000 actions nouvelles de 400 francs chacune. Mais le Conseil d'État demanda que la valeur nominale des actions nouvelles fût fixée au chiffre de 500 francs.

La question revint donc devant l'Assemblée générale du 6 avril 1857 qui vota l'augmentation du capital par l'émission de 6.000 actions nouvelles à 500 francs, lesquelles devaient

MACHINE DU " TOURVILLE "

avoir exactement les mêmes droits que les actions anciennes. Le capital se trouva ainsi élevé au chiffre de 7 millions de francs.

Cette augmentation de capital fut sanctionnée par décret impérial du 17 juin 1857.

Par suite du développement constant de ses transactions, la Société nouvelle des Forges et Chantiers de la Méditerranée fut

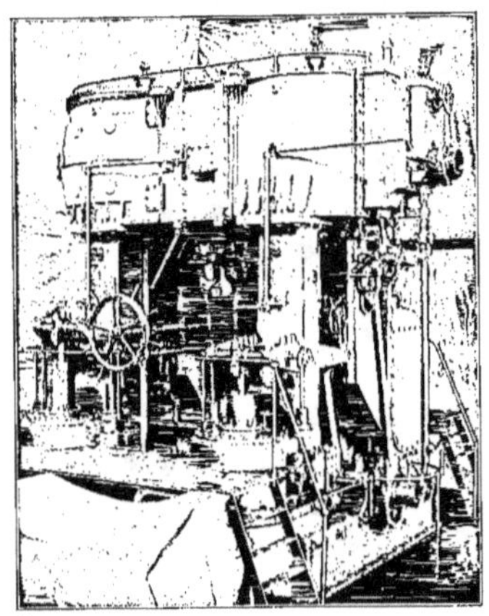


amenée à réaliser en 1882 une nouvelle augmentation de son capital. Pour se conformer à la législation sur les Sociétés, une Assemblée générale autorisa l'élévation au chiffre de 500 francs, par un prélèvement correspondant sur les réserves, de la valeur nominale de chacune des 10.000 actions primitives. Le capital social devenait ainsi de 8 millions de francs. L'Assemblée générale du 12 octobre 1882 autorisa son élévation à 13 millions, chiffre qui a été conservé depuis.

Cette même Assemblée décidait la transformation de la Société en Société anonyme libre dans les termes de la loi du 24 juillet 1867 et sous la dénomination de Société des Forges et Chantiers de la Méditerranée.

Elle prorogeait enfin la durée de la Société au 21 mai 1916.

L'origine des Ateliers de Menpenti, remonte à 1835, époque à laquelle fut adjoint à un moulin à vapeur appartenant à M. Marliani et dirigé par M. Philippe Taylor, un petit atelier pour réparation des machines de navires et des mécanismes d'usines.

En 1855, l'établissement de Menpenti qui s'était rapidement développé, occupait une superficie de 26.000 mètres carrés, qui a été quelque peu accrue dans la suite.

Les Chantiers de la Seyne ont été fondés en 1835, par M. Mathieu, négociant à Genève et directeur de la Compagnie de navigation sur le Rhône l'*Aigle*. Achetés en 1845 par MM. Taylor, ils occupaient à cette époque environ 6.000 mètres de terrains domaniaux, plus 2.000 mètres de terrains conquis sur la mer. Ils ont été étendus depuis à diverses reprises et leur superficie est aujourd'hui d'environ 159.000 mètres carrés.

Au moment de sa constitution en 1856, la Société créa un petit atelier de réparations à l'extrémité sud de la jetée le long du port de

" RIVADAVIA "

la Joliette. Par suite du développement des ports de Marseille, cet atelier fut abandonné en 1885. Les travaux qu'il exécutait ont été depuis ce moment transférés à Menpenti.

Les établissements composant le patrimoine originaire de la Société nouvelle des Forges et Chantiers de la Méditerranée comprenaient enfin à la Capelette des forges et des laminoirs.

Les forges de grosses œuvres furent louées dès le principe à MM. Marrel frères, de Rive-de-Gier. Les laminoirs furent dans les premiers mois de 1858 donnés en location à MM. Harel et C$^{ie}$, gérants de la Société des Forges de Pont-l'Évêque.

En 1862, l'usine de la Capelette fut englobée dans le périmètre d'octroi de la ville de Marseille. Les charges qui en résultèrent, entre autres un droit de 4 francs par tonne de houille, rendirent la continuation de l'exploitation impossible.

En 1864, le matériel complet de la Capelette avec les terrains était vendu à MM. Marrel, qui organisèrent alors un établissement semblable près de leurs usines de Rive-de-Gier.

Le premier Conseil d'administration de la Société était composé de :

MM. Armand BÉHIC, *Président.*

JUBELIN, *Vice-Président.*

SIMONS,
REVENAZ,
SOUFFLOT,
A. MARCUARD,           *Administrateurs.*
F. BARTHOLONI,
Horace SAY,
Amédée ARMAND,

A Marseille fut installé un Directeur administratif, M. Guiguer de Prangins, assisté d'un Comité de direction dont firent partie MM. Palmer et Deonna, et plus tard M. A. Armand. M. Verlaque était ingénieur en chef des chantiers de La Seyne, et M. Bourdon des ateliers de Menpenti, poste qu'il abandonna en 1860 en raison de son âge ; il y fut remplacé par M. Lecointre, ancien ingénieur de la Marine.

Les travaux prennent dès le début une extension considérable et, à la fin de l'année 1856, la Société avait reçu tant de la Marine de l'État que des Messageries Impériales et du Commerce des commandes représentant :

4.480 chevaux de machines,
7.840 chevaux de chaudières,
11.719 tonneaux de jauge.

La moyenne des ouvriers employés pendant l'année 1856 était à Menpenti 622, à La Seyne 1.301, à la Capelette 406, à la Jetée 108, soit au total 2.437. Les résultats sont satisfaisants et le dividende afférent à l'exercice 1856 est fixé au chiffre de 80 francs par action.

" TOURVILLE "

En 1858, M. Amédée Armand, que ses occupations principales retenaient à Marseille, donne sa démission d'Administrateur et continue son concours à la Société en prenant place au Comité de direction.

M. Albert Jouët-Pastré, qui avait commencé sa carrière industrielle aux forges de la Capelette, et occupait depuis la fondation de la Société le poste de Secrétaire général, est alors nommé Administrateur et chargé de la délégation du Conseil.

Pendant l'année 1858 la production des divers établissements de la Société atteint le chiffre de 10.671.000 francs ; une crise monétaire et commerciale survient ensuite qui a sa répercussion sur les commandes de l'industrie et des compagnies d'armement ; le nombre d'ouvriers employés pendant l'année 1859 n'est plus que de 1.254. Le chiffre du dividende est alors de 60 francs par action.

C'est à ce moment que se manifeste pour la première fois la question du régime de la marine marchande, question dont l'influence est prépondérante sur une des sources les plus importantes d'alimentation de l'industrie des constructions navales. Le décret du 17 octobre 1855, qui autorisait pour trois ans la libre importation des matières premières destinées aux constructions navales est abrogé ; néanmoins, la perspective de l'établissement d'un droit ad valorem de 10 o/o pour la francisation de tout navire construit à l'étranger est envisagé comme devant permettre de continuer la lutte contre la concurrence.

La conclusion des traités de commerce avec l'Angleterre est précédée des laborieux travaux de Commissions administratives. Cependant les droits sur les fers et charbons sont maintenus pendant que le droit sur la francisation des navires est remplacé par d'autres notablement moins élevés.

La Société des Forges et Chantiers de la Méditerranée, en même temps qu'elle obtenait de nombreuses commandes de la Marine militaire française, développait ses relations avec les amirautés étrangères ; elle construisait également d'importants engins de dragage pour la France et le Gouvernement Sarde ; elle fournit aussi un matériel considérable pour le Canal de Suez.

Les ateliers de Menpenti étant devenus insuffisants pour l'exécution de ces diverses commandes, la Société prit en location, au commencement de 1861, les ateliers de MM. Falguière et C<sup>ie</sup>, à Arenc, et les occupa jusqu'en juin 1867 ; elle les loua de nouveau de décembre 1870 à avril 1871 pour les travaux de la Défense nationale. Ces ateliers ont été alors définitivement abandonnés et sur leur emplacement a été construite la nouvelle gare du Paris-Lyon-Méditerranée.

L'importance de la production atteint le double des chiffres réalisés au début de la Société, et en 1861 le chiffre des ouvriers occupés arrive à 4.000. Le dividende suit de son côté une marche ascendante ; il arrive, pour l'exercice 1863, au chiffre de 100 francs par action, qui a été conservé jusqu'en 1870.

L'importance et la variété des travaux exécutés par la Société des Forges et Chantiers de la Méditerranée et la réputation qu'elle

DRAGUE MARINE POUR LA COMPAGNIE DE SUEZ

avait déjà acquise firent que, sur les instances pressantes du Gouvernement, elle prit part à l'exposition de Londres, en 1862, en y faisant figurer une machine de 400 chevaux nominaux qui fut, dans la suite, installée à bord de la *Belliqueuse ;* cette frégate, placée sous le commandement de l'amiral Penhoët, est le premier bateau cuirassé français qui ait fait le tour du monde.

La Société participa largement à la première Exposition universelle organisée à Paris en 1867, et y fit figurer notamment la machine de 950 chevaux nominaux destinée à la frégate cuirassée le *Marengo*.

L'intérêt de son exposition non moins que la constatation du développement de ses affaires et la renommée de ses produits lui firent attribuer un grand prix par le Jury international. La même récompense lui fut décernée aux expositions suivantes de 1878 et de 1889; à l'Exposition Universelle de 1900, elle fut classée hors concours et membre du Jury. Au nombre des engins que la Société avait exposés en 1900, se trouvait la machine centrale du croiseur cuirassé à trois hélices le *Dupleix*, qui réalisa à ses essais la puissance totale de 17.870 chevaux.

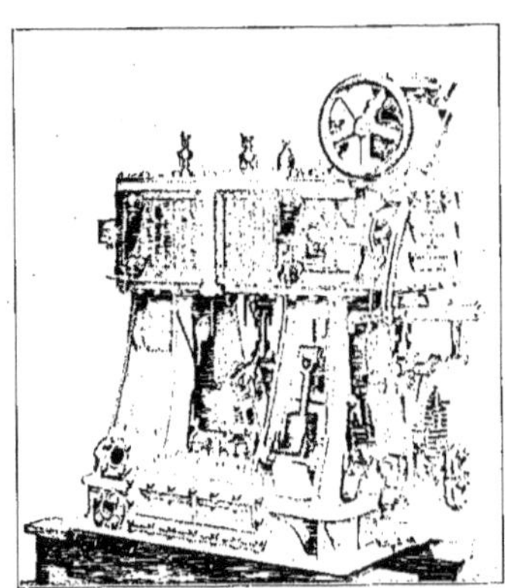

MACHINE DE TORPILLEUR (1876)

En 1864, M. A. Béhic est nommé Ministre des Travaux publics et conserve ce poste jusque dans le courant de l'année 1867. Pendant cette période les fonctions de Président du Conseil d'administration de la Société sont remplies par M. A. Revenaz.

En 1865, M. R. Simons, l'un des fondateurs de la Société, décède; il est remplacé au Conseil par son fils, M. Alexandre Simons.

La terrible épidémie de choléra qui, en 1865, sévit dans le midi de la France, se fit aussi sentir dans les établissements de la Société des Forges et Chantiers de la Méditerranée. A la Seyne, l'invasion du fléau fut si soudaine que la population terrifiée abandonna en masse la ville pour se répandre dans la campagne; les chantiers, qui au mois de septembre avaient un effectif de 2,300 hommes, tombèrent brusquement à 740, et il fallut près d'un mois pour que l'activité normale revînt. Les pertes furent heureusement peu nombreuses, grâce aux mesures qui furent prises et au dévouement du personnel supérieur; des médailles d'or furent à cette occasion attribuées à M. Verlaque, ingénieur en chef, et à M. Ricard, agent administratif des chantiers de La Seyne.

A cette époque les affaires de la Société avaient atteint un haut degré de développement et le chiffre de sa production pendant l'année 1865 ne fut pas moindre de 21 millions de francs.

Quelque temps plus tard s'ouvre une période de grand ralentissement dans les travaux ; les commandes, tant des navires de guerre que du commerce, se raréfient de plus en plus. Les effets de cette crise générale se prolongent malgré l'ingéniosité apportée à la recherche de nouveaux débouchés; en 1869, la production tombe à 7 millions.

En 1869, M. Dupuy de Lôme, l'illustre ingénieur du premier vaisseau à vapeur le *Napoléon* et de la première frégate cuirassée la *Gloire*, est nommé Vice-Président de la Société, à laquelle il n'a cessé d'apporter jusqu'à son décès, survenu en 1885, le concours de ses éminentes facultés techniques.

Lorsqu'en 1870 éclata la guerre franco-allemande, les transactions commerciales furent totalement suspendues et la Société des Forges et Chantiers de la Méditérranée mit toutes ses forces en œuvre pour contribuer à la défense nationale. Les établissements de Marseille et de la Seyne furent au mois d'octobre réquisitionnés par arrêtés des Préfets des Bouches-du-Rhône et du Var; grâce aux dispositions préparées antérieurement, ils purent

MACHINE DU "LATOUCHE-TRÉVILLE"

livrer en quelques mois près de 340 bouches à feu et 1.200 voitures d'artillerie.

Après la terrible secousse traversée par le pays, les affaires industrielles reprennent peu à peu de l'activité, mais les commandes sont encore rares. Cependant, la Société des Forges et Chantiers de la Méditerranée donne une preuve nouvelle de sa vitalité à l'Exposition internationale des Industries maritimes à Naples (1871) où elle obtient deux médailles d'or de première classe, l'une pour les constructions navales, et l'autre pour les machines.

La Société des Forges et Chantiers de la Méditerranée rencontra, au commencement de l'année 1872, l'occasion d'augmenter considérablement ses moyens d'action en se rendant acquéreur, lors de la dissolution de la Société des Ateliers et Chantiers de l'Océan,

LOCOMOTIVE POUR LES CHEMINS DE FER DES CHARENTES

des installations que cette dernière Société possédait au Havre. Elles comprenaient un groupe important d'ateliers mécaniques fondés par MM. Mazeline frères et jouissant d'une réputation des plus méritées dans les diverses branches de l'industrie de la fabrication des machines ; c'est dans ces ateliers qu'a été construite la première machine à hélice de la Marine française mise à bord de la *Pomone.*

La Société des Forges et Chantiers de la Méditerranée acquit en même temps la mâture à vapeur de 100 tonnes dépendant des Ateliers Mazeline et installée sur les quais du bassin de l'Eure, dans le port du Havre, et prit la suite des pourparlers engagés pour l'achat d'environ 80.000 mètres de terrain sur les bords de la Seine, dans la commune de Graville-Sainte-Honorine. La réalisation de cette opération est le point de départ de la création des chantiers de constructions navales de Graville.

Ces établissements ont été constamment développés depuis, leur outillage est tenu à la hauteur des derniers perfectionnements, et ils forment un centre d'exploitation important.

Il n'est pas sans intérêt de mentionner ici que, lors de la constitution de la Société, le Gouvernement avait restreint aux bords de la Méditerranée la faculté de créer d'autres établissements qui avait été prévue à l'origine pour un point quelconque du territoire français.

L'acquisition des ateliers du Havre rendit donc nécessaire une modification des statuts et une approbation gouvernementale donnée par décret du 6 mai 1872.

Une reprise générale et rapide de l'activité industrielle se manifeste à cette époque en France, occasionnant une surcharge de commandes pour les usines métallurgiques ; en même temps la pénurie des charbons se faisait sentir; il en résulta une hausse énorme des matières premières et, de plus, de très grandes difficultés pour s'en approvisionner. L'augmentation du prix des navires, qui en fut la conséquence immédiate, eut une répercussion sur les transactions en cours en rendant particulièrement difficile la conclusion de commandes de bateaux de commerce.

La loi sur la marine marchande du 20 mars 1872, entravée d'ailleurs dans son application par des traités de commerce préexistants, plaça en fait les constructeurs sous un régime ne leur permettant de lutter que sous les plus dures conditions avec la concurrence étrangère. Ce n'est qu'au prix de sérieux sacrifices qu'on parvient à trouver les commandes nécessaires pour maintenir une modeste activité ; nous voyons, en conséquence, le dividende de l'exercice 1873 être fixé au chiffre de 25 francs.

En 1874, M. François Bartholoni, l'un des distingués fondateurs de la Société, donne sa démission d'Administrateur ; il est remplacé au Conseil par son fils, M. Anatole Bartholoni.

Pendant les années qui suivent, l'activité des établissements de la Société est sujette à diverses oscillations, les résultats des exercices 1874 et 1875 permettent la distribution d'un dividende de 50 francs. Puis une crise industrielle survient et se prolonge, non seulement en France, mais également dans les pays voisins. La Société des Forges et Chantiers de la Méditerranée ressentit le contre-coup de cette situation d'ensemble ; la pénurie des commandes, recherchées cependant malgré le bas prix auquel on peut seulement les obtenir, fait tomber la production à 17 millions en 1875 et à 11 millions seulement l'année suivante. C'est une période de recueillement et d'attente pendant laquelle une administration vigilante comprime énergiquement toute les catégories de dépenses. Grâce à ces sages mesures, un dividende de 20 francs est distribué pour les exercices 1877 et 1878.

L'activité revient peu à peu grâce surtout aux commandes pour les marines de guerre.

En 1881 est votée la loi sur la marine marchande qui accorde des primes de construction aux navires de commerce sortant des chantiers français. Les armateurs reçoivent, de leur côté, une prime à la navigation pour l'exploitation des navires commandés par eux en France et une «demi-prime» pour les bateaux qu'ils auront achetés des établissements étrangers. Cette loi réclamée depuis longtemps suscite, dès le début de son application de très nombreuses commandes de navires de commerce. Le nombre des ouvriers, qui était de 4.000 en 1880, monte dès l'année suivante à 6.350. La Société est amenée à faire des dépenses fort importantes d'outillages et d'installations diverses pour réaliser l'exécution de ces travaux, qui n'est pas sans occasionner diverses difficultés.

Le mouvement auquel avait donné lieu la loi de 1881 ne tarde pas d'ailleurs à se ralentir ; la durée limitée qui avait été assignée à la loi contribua non moins que des causes de divers ordres à faire diminuer les mises en chantiers pour le compte du commerce qui, au bout de quelques années, devinrent de nouveau très rares.

La Société des Forges et Chantiers de la Méditerranée, qui avait largement développé sa fabrication de matériel d'artillerie, et qui s'était assuré, en 1881, le concours distingué de M. G. Canet, décida, en 1884, l'édification, auprès de ses ateliers mécaniques du Havre, d'un atelier qui fut spécialement organisé pour l'usinage des bouches à feu et placé sous la direction du commandant Roger ; quelques années plus tard, cet ensemble était com-

MATÉRIEL DE 95 MILLIMÈTRES

plété par la création à la pointe du Hoc, sur les bords de la Seine, un peu en amont du chantier de Graville, d'un champ de tir qui reçut toutes les installations voulues pour essayer les canons des plus gros calibres.

M. Jules Marcuard, neveu de l'un des fondateurs de la Société des Forges et Chantiers de la Méditerranée est nommé Administrateur en 1882, et n'a cessé d'apporter depuis lors au Conseil la contribution de son expérience des affaires et des questions financières.

En 1885, à la suite du décès de M. Dupuy de Lôme, l'amiral Jauréguiberry est appelé à la Vice-Présidence du Conseil d'administration. Marin distingué et énergique, l'amiral Jauréguiberry prit une part marquante à la défense du territoire, en 1870, et après son décès survenu

" JAURÉGUIBERRY "

en 1887, le Département de la Marine consacra sa mémoire en donnant son nom à un cuirassé qui fut construit à La Seyne.

Au commencement de l'année 1888, un incendie détruisit la grande halle de chaudronnerie des chantiers de Graville, ce qui représenta environ 200.000 francs de dégâts. Usant du droit conféré par une clause des polices, les Compagnies d'assurances résilièrent les contrats en cours. La Société des Forges et Chantiers de la Méditerranée réorganisa alors ses assurances sur de nouvelles bases en conservant à sa charge une partie des risques et en constituant en contre-partie un fonds d'assurances dont des dotations successives ont augmenté le chiffre et qui n'a heureusement à pourvoir qu'à de faibles dépenses.

L'activité des établissements de la Société pendant l'année 1888 atteint le chiffre de 29 millions et demi de francs, et la moyenne des ouvriers employés dépasse 7.000, alors que l'année précédente elle était seulement de 5.800. Le dividende pour cet exercice arrive à 37 fr. 50 c., chiffre auquel il se maintient ensuite pendant quelques années.

A la fin de l'année 1890, le général Sébert, de l'artillerie de marine, après avoir occupé avec beaucoup de distinction les fonctions de

Directeur du Laboratoire central de la marine, est nommé Administrateur de la Société des Forges et Chantiers de la Méditerranée et lui apporte un concours étendu pour le développement de ses fabrications d'artillerie.

M. Armand Béhic, qui depuis la fondation de la Société présidait son Conseil d'administration en apportant dans ces fonctions des vues élevées et de grandes qualités d'organisation, décède dans les premiers mois de 1891.

M. Albert Jouët-Pastré, qui lui succéda, était chargé, depuis l'année 1858, de la délégation du Conseil, et remplissait depuis quelques mois

3

les fonctions de Vice-Président. M. Gustave Zédé, Administrateur de la Société depuis 1881, est nommé Vice-Président et décède très peu de temps après. Ancien Directeur des constructions navales et ingénieur distingué, M. Zédé contribua puissamment aux progrès de la navigation sous-marine dont il avait étudié avec une patiente ténacité les difficiles problèmes ; c'est sous son inspiration que furent élaborés les premiers bateaux sous-marins expérimentés par la Marine française.

M. Alexandre Simons lui succède dans les fonctions de Vice-Président ; fils de l'un des fondateurs de la Société, M. Ernest Simons, qu'il avait remplacé au Conseil en 1865, ayant l'expérience et la pratique des affaires industrielles, il est enlevé prématurément en 1893.

Le Conseil d'administration de la Société appelle alors à la Vice-Présidence M. Anatole Bartholoni, fils de M. François Bartholoni, l'un des fondateurs de la Société et Administrateur depuis 1874. Joignant à une grande bienveillance de caractère la fermeté utile dans les traditions des grandes entreprises, M. A. Bartholoni apporte à la Société un concours éclairé jusqu'à son décès, qui survint en 1902.

M. Ernest Roubaud, ancien commissaire général de la marine, après avoir rempli avec distinction pendant plusieurs années le poste Directeur de la Société à Paris, entre au Conseil en 1891, et continue à prêter ainsi à la Société le concours de son expérience des affaires et de l'Administration de la Marine.

A ce moment M. A. Cazavan, directeur de l'exploitation au Havre, fut appelé à Paris en qualité de Directeur Général et remplacé au Havre par M. H. Bricard qui, depuis l'acquisition de ces établissements par la Société des Forges et Chantiers de la Méditerranée, le secondait avec intelligence et activité.

Après avoir rempli ses nouvelles fonctions pendant quelques mois seulement, M. Cazavan fut enlevé prématurément ; le Conseil d'administration fit choix pour occuper le poste de Directeur général de M. E. Widmann, qui dirigeait avec une grande compétence les établissements de la Société à Marseille, et avait laissé un nom des plus estimés dans le Génie maritime, dont il s'était retiré avec le grade d'ingénieur en chef. M. Madamet, ancien ingénieur en chef du Génie maritime, fut alors nommé Directeur des ateliers mécaniques de Marseille.

Au commencement de l'année 1893 fut votée par le Parlement une nouvelle loi sur la marine marchande qui maintenait le système des primes à la construction et réservait désormais les primes à la navigation aux seuls bâtiments construits par des chantiers français ; si le régime d'encouragement à la production nationale qu'elle inaugura n'a pu encore arriver à réaliser tous les progrès attendus, tant par suite des circonstances qu'en raison surtout de l'incertitude qui s'est prolongée quant au maintien de ses principales dispositions, il n'en a pas moins eu pour effet de ranimer et d'entretenir un courant constant des constructions commerciales, entraînant même

la création de nouveaux chantiers sur divers points du littoral.

Un des résultats intéressants de cette loi fut la restauration de la flotte marchande française à voiles; de nombreux voiliers à trois et à quatre mâts sont sortis des chantiers de La Seyne et de Graville pendant quelques années.

Des objections ne tardèrent pas cependant à s'élever de divers côtés contre le régime organisé par la loi de 1893 et la période décennale pour laquelle elle avait été votée n'était pas écoulée qu'une nouvelle loi apportait un changement profond au système des encouragements dont une longue expérience avait démontré la nécessité pour le développement ou même plus modestement pour le maintien de la marine marchande.

Les ateliers de chaudronnerie compris dans l'établissement mécanique de Menpenti ne pouvant s'agrandir par suite du développement de la ville de Marseille et d'autre part le transport des chaudières construites à Menpenti entraînant de grandes difficultés, le transfert de cette fabrication dans le voisinage des chantiers de la Seyne fut décidé en 1894. Un atelier considérable fut édifié aux Mouissèques et pourvu des moyens d'action les plus puissants; les mâtures flottantes des chantiers viennent chercher les chaudières devant cet atelier et n'ont qu'un très court trajet à faire pour les déposer à bord des navires en construction qui doivent les recevoir. L'organisation et ensuite le service de cet atelier furent confiés à M. E. Geyer, qui a été appelé, depuis 1898, à remplir les fonctions d'ingénieur des ateliers de Menpenti.

A la fin de l'année 1894, M. le comte de Moüy, ancien ambassadeur de France, est nommé Administrateur de la Société à laquelle il apporte l'intéressante collaboration de son expérience et de ses connaissances étendues.

La Société des Forges et Chantiers de la Méditerranée avait été la première à s'organiser en France pour la fabrication du matériel d'artillerie, et cette branche de son exploitation ne tarda pas à prendre une grande extenstion.

Cependant plusieurs sociétés industrielles importantes étaient entrées à leur tour dans la voie de la confection du matériel d'artillerie, en particulier les établissements métallurgiques qui fabriquaient déjà les éléments des canons. La Société des Forges et Chantiers de la Méditerranée était dès lors assurée de pouvoir se procurer, en France même, les canons et le complément d'armement militaire destinés aux navires qu'elle construisait et, au commencement de l'année 1897, elle céda son service d'artillerie à MM. Schneider et C<sup>ie</sup>.

En 1898 est promulguée la loi sur les accidents professionnels. La Société prend ses dispositions pour satisfaire par ses propres moyens aux prescriptions légales, son nombreux personnel lui permettant

d'éviter de recourir désormais aux assurances spéciales pour ces risques. Le service ainsi organisé a fonctionné depuis dans les meilleures conditions.

A cette époque commençait une période d'activité considérable pour la Société des Forges et Chantiers de la Méditerranée qui voyait s'ajouter à son courant ordinaire d'affaires les commandes provenant de l'extension des forces maritimes de la France et de diverses puissances étrangères.

Le chiffre de la production des établissements de la Société s'accroît progressivement et pour l'année 1899 dépasse 44 millions et demi de francs.

En même temps le dividende qui, pour la période avoisinant 1896 était de 25 francs remonte régulièrement; il est de 35 francs pour l'exercice 1898, et il augmentera successivement pour atteindre 50 francs pour l'exercice 1905.

Au cours de l'année 1901 M. Amédée Lefèvre-Pontalis, Administrateur de la Société depuis 1894, vient à décéder; très versé dans les grandes affaires, il laissa également le souvenir des plus agréables relations personnelles. Il est remplacé au Conseil par M. A. Musnier qui lui apporte le concours de son expérience dans toutes les questions concernant la navigation commerciale.

La même année marque l'entrée au Conseil de M. A. Lagane, directeur des chantiers de La Seyne depuis 1891 après en avoir, longtemps été ingénieur en chef. Dans ces différentes fonctions, M. Lagane conçut les plans et dirigea l'exécution d'un grand nombre des bâtiments de guerre et de commerce dont les résultats hautement appréciés ont maintenu au premier rang la réputation de la Société.

Peu de temps après l'entrée au Conseil de M. Lagane, M. L. Rimbaud était nommé directeur des Chantiers de la Seyne, après y avoir rempli plusieurs années les fonctions d'ingénieur, permettant ainsi d'apprécier sa sérieuse capacité pour la direction d'un grand établissement.

M. Ch. Babin, qui depuis 1884 était Administrateur de la Société, est nommé Vice-Président en 1902. Joignant à une vaste expérience des affaires une profonde connaissance du droit, M. Babin a pris une part importante à la gestion des affaires sociales.

Au cours de l'année 1902 également, M. le comte Albert Armand, occupant dans le monde des affaires de Marseille une situation des plus honorables, est nommé Administrateur de la Société.

Une nouvelle législation sur la marine marchande marque le cours de l'année 1902. Maintenant avec des taux différents le système des primes à la construction et à la navigation pour les navires construits en France, elle accorde sous le nom de compensation d'armement un certain encouragement aux navires importés de l'étranger. De nombreuses commandes marquent l'avènement de cette loi, mais le législateur ayant fixé une limite au tonnage appelé à jouir des primes de navigation, les chantiers se retrouvent très rapidement et après un gros effort ne plus pouvoir traiter aucune construction de navires de commerce. Les pouvoirs publics saisis des doléances unanimes des armateurs et des constructeurs procédèrent à une laborieuse enquête à la suite de laquelle une nouvelle loi a été votée au mois d'avril 1906.

Pendant les premières années de son exploitation la Société des Forges et Chantiers de la Méditerranée exécuta une grande quantité de travaux divers pour le commerce, tant machineries et chaudières que navires complets ; parmi ces derniers il y a lieu de mentionner les paquebots *Navarre* et *Estramadure*, construits pour la ligne postale du Brésil, dont la Compagnie des Messageries Maritimes venait d'obtenir la concession.

Ses travaux pour la Marine de l'État comprenaient notamment les machines de 600 chevaux nominaux des vaisseaux *Friedland* et *Ville-de-Paris*, les chantiers de la Seyne construisaient des avisos, des transports et un grand nombre de canonnières ; quelques unes de ces embarcations d'un type spécial furent montées sur le lac de Garde au cours de la guerre d'Italie et furent cédées au Gouvernement du Roi de Sardaigne lors du traité de Villafranca.

En 1861, les ateliers de Menpenti livrent la machine de la *Gloire*, la première frégate cuirassée, de 900 chevaux nominaux de force.

La Société des Forges et Chantiers de la Méditerranée a, dès son origine, recherché dans les pays étrangers un complément aux travaux dont pouvait l'alimenter sa clientèle française. Dès l'année 1857 elle obtient ainsi du Gouvernement russe la commande peu importante il est vrai d'une goëlette à vapeur de 250 tonneaux, et traite en même temps avec la Compagnie Russe de Navigation et de Commerce la fourniture de quatre paquebots représentant ensemble 3.660 tonneaux de jauge.

Après les résultats satisfaisants donnés par les canonnières construites pour les campagnes d'Italie et de Chine, le Vice-Roi d'Égypte commande à la Société une canonnière le *Rahmanieh* dont le tirant d'eau ne devait pas dépasser 65 centimètres, nécessitant un allègement notable dans le poids de la coque, qui fut obtenu en partie par l'emploi alors nouveau de tôles d'acier.

En 1861, la Société des Forges et Chantiers de la Méditerranée livre à la marine italienne la batterie cuirassée *Terrible*, dont le poids de cuirassement atteignait près de 500.000 kilogrammes; elle lui fournit successivement les principales unités de sa première flotte cuirassée, ainsi qu'un important matériel de dragage qui fut employé aux travaux des ports d'Ancône et de la Spezzia.

Vers la même époque des relations suivies sont nouées avec l'Espagne et la frégate la *Numancia* est mise en chantiers; ce bâtiment d'un déplacement de 7.500 tonnes avait une machine de 3.000 chevaux et une cuirasse en fer complète de 13 centimètres d'épaisseur à l'abri de laquelle était installée une batterie de 40 canons. La vitesse réalisée fut de 14 nœuds et aussitôt livrée la *Numancia* fut envoyée dans le Pacique pour les affaires du Pérou.

Un peu plus tard la Société des Forges et Chantiers de la Méditerranée entreprend de chercher de nouveaux éléments de travail dans des pays plus éloignés; en 1865, elle inaugure ses relations avec le Brésil par la commande de la corvette cuirassée le *Brazil*.

A la suite d'un concours ouvert en 1865 et comme résultat d'une mission de plusieurs mois remplie à Berlin par M. Alb. Jouët-Pastré, la marine royale prussienne commandait à la Société des Forges et Chantiers de la Méditerranée son premier bâtiment cuirassé, la frégate *Friederich-Karl*. Le prix de ce navire, considérable pour l'époque, était de 6 millions de francs.

Le percement de l'isthme de Suez fut pour la Société des Forges et Chantiers de la Méditerranée, qui s'était créé une intéressante spécialité dans la fabrication du matériel pour les travaux publics et des engins de dragage, l'occasion de nombreuses et importantes fournitures faites tant à la Compagnie Universelle du Canal qu'aux entrepreneurs des travaux. Elle livra ainsi, entre 1863 et 1868, 32 grandes dragues avec leurs appareils de service : grues, élévateurs, longs couloirs, en tout environ 20.000 tonnes de tôlerie.

Il y a lieu de rappeler que l'adoption du long couloir rattaché directement à la drague pour l'écoulement de ses déblais et leur répartition sur les berges, a été imaginée pour les travaux du Canal de Suez. C'est à la Société des Forges et Chantiers de la Méditerranée et à M. Alexandre Lavalley qu'appartient l'honneur de cette création du long couloir, qui a reçu depuis lors tant et de si diverses applications et a exercé une si grande influence dans l'exécution des travaux publics à la fin du siècle. L'organisation à Port-Saïd de vastes ateliers fut nécessaire pour monter sur place ces divers engins qui devaient être livrés prêts à fonctionner. Ces importantes opérations furent conduites avec autant d'énergie que de succès par M. Paul Carié, qui remplit actuellement les fonctions d'ingénieur en chef à Paris.

Une grande partie des engins employés depuis pour l'approfondissement du Canal de Suez et son entretien ont aussi été fournis par les Forges et Chantiers.

Parmi les commandes les plus intéressantes exécutées vers la même époque pour la marine du commerce, il convient de signaler l'exécution de neuf bateaux-transports de 1.200 tonnes qui formèrent le commencement de la flotte de la Compagnie des Transports Maritimes à vapeur.

En 1866, la Société des Forges et Chantiers de la Méditerranée reçoit du Vice-Roi d'Égypte la commande d'un grand dock flottant en fer pour le port d'Alexandrie et l'année suivante elle traite avec lui l'importante fourniture d'une frégate cuirassée, portant 8 canons de 3oo et deux corvettes cuirassées armées chacune de deux canons de 3oo et d'un canon de 12o.

Lorsque en 187o éclata la guerre franco-allemande la Société des Forges et Chantiers de la Méditerranée mit, comme on l'a vu plus haut, toutes ses forces en œuvre pour contribuer à la défense nationale.

L'importance de ces travaux exécutés dans des circonstances particulièrement difficiles, mit en lumière la

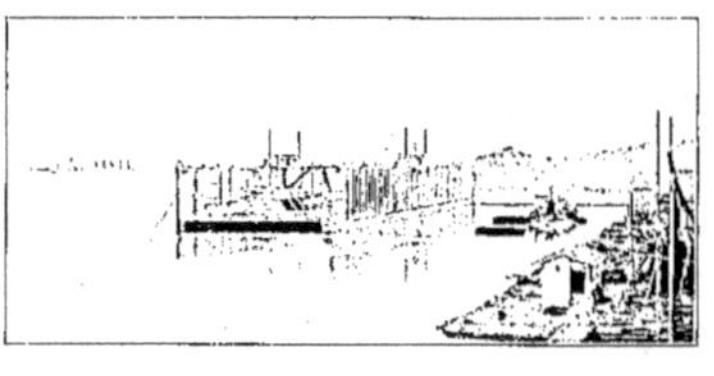



puissance des moyens que la Société pouvait affecter à la fabrication du matériel d'artillerie; quelques années plus tard, la constitution d'une nouvelle artillerie pour la défense des côtes et les armements de la Marine furent pour elle le point de départ de fournitures importantes et variées.

Parmi les principales commandes qui furent traitées en 1871 il convient de mentionner le *Cyclop*, bateau atelier pour la Marine autrichienne.

C'est à cette époque que M. Lecointre, ingénieur en chef des ateliers de Menpenti, abandonna ses fonctions pour des raisons de santé et fut remplacé par M. Orsel, qui, pendant une période de dix-sept années dessina et construisit les différents appareils mécaniques sortis de cet établissement.

Vers le même temps et par suite de la démission de M. Verlaque, M. Lagane était nommé ingénieur en chef des chantiers de la Seyne.

La Société des Forges et Chantiers de la Méditerranée acquit en 1872 un nouveau groupe d'établissements au Havre et organisa le chantier de constructions navales de Graville dont la période de production fut inaugurée par la mise sur cale de deux bateaux de 97 mètres de longueur pour la Compagnie des Chargeurs Réunis, le *Rivadavia* et le *San-Martin*.

Indépendamment des appareils moteurs de ces deux navires, les ateliers Mazeline eurent à exécuter vers le même moment, entre autres travaux importants, 20 locomotives pour la Compagnie des Chemins de fer de l'Ouest.

Le groupe des établissements du Havre fut bientôt organisé en une exploitation régulière à la tête de laquelle fut placé comme directeur M. Amédée Cazavan, assisté, comme ingénieurs, de M. L. Landeau aux ateliers mécaniques, et de M. A. Marmiesse aux chantiers de Graville.

Lorsque le Gouvernement français procéda à la reconstitution du matériel d'artillerie, d'importants travaux furent confiés à la Société des Forges et Chantiers de la Méditerranée; pendant l'année 1874 elle fut chargée tant dans ses ateliers de Marseille que dans ceux du Havre de la transformation en canons rayés de 325 obusiers de 22 centimètres et de 340 canons en bronze de 16. Des fournitures également très nombreuses furent faites au cours des années suivantes et leur exécution concentrée aux ateliers du Havre; parmi ces travaux on peut mentionner plusieurs centaines d'affûts métalliques pour canons de 90, de 95, de 138 et de 155, 58 canons de 24 centimètres, plusieurs séries d'affûts de 24 et 27 centimètres, des projectiles, etc.

La Société des Forges et Chantiers de la Méditerranée s'occupe aussi de nouer des relations avec les puissances étrangères pour les fournitures d'artillerie; on remarque en 1874 une commande pour le Gouvernement chinois de 14 canons dont deux de 19 centimètres et deux de 24 avec leurs affûts et accessoires.

Parmi les travaux les plus intéressants exécutés à cette époque en dehors des constructions navales figure la machinerie hydraulique de la Compagnie des Docks de Marseille. Cette machinerie desservait entre autres engins fournis également par la Société des Forges et Chantiers de la Méditerranée, un grand pont tournant de 62 mètres de longueur établi pour le passage d'une voie ferrée.

Un certain nombre de canonnières et d'avisos destinés à opérer le long des côtes et dans les embouchures des rivières sont construits pour l'Espagne. En 1875 livraison est faite au Brésil de deux monitors cuirassés à deux hélices, le *Solimoes* et le *Javary* construits l'un au Havre, l'autre à La Seyne. Ces deux navires de 3.700 tonneaux de déplace-

TORPILLEUR 253

ment avaient une cuirasse de flottaison de 30 centimètres et portaient dans deux tours cuirassées à 33 centimètres, 4 canons de 25 centimètres.

Les principales constructions pour la Marine nationale comprennent plusieurs grands transports ; le croiseur *Tourville* qui donna à ses essais une vitesse de 17 nœuds ; ce croiseur était encore doté d'une voilure de 2.300 mètres carrés ; en décembre 1876, le cuirassé *Amiral-Duperré* de 10.486 tonnes de déplacement est mis en chantiers à La Seyne.

La Société des Forges et Chantiers de la Méditerranée entreprit aussi vers cette époque la fabrication d'engins de combat d'un type nouveau, les bateaux torpilleurs. Dès l'année 1875, elle avait à livrer à la Marine nationale la machine de 400 chevaux et la chaudière type locomotive d'un torpilleur dont la coque était construite par l'arsenal de Rochefort. En 1877 elle traite la fourniture complète de deux torpilleurs ; c'étaient de petits bateaux de 27 mètres 25 de longueur, mus par une machine compound de 320 chevaux qui réalisèrent aux essais une vitesse un peu supérieure à 18 nœuds ; leur armement consistait en une hampe porte-torpille.

Les torpilleurs ont progressivement augmenté de dimensions et de

" OSÉTRE ", CONTRE-TORPILLEUR

puissance et ce sont aujourd'hui de petits bâtiments de 100 tonnes de déplacement avec une machine de 2.000 chevaux qui leur fait réaliser une vitesse de 27 nœuds.

La Société des Forges et Chantiers de la Méditerranée a construit aussi de nombreux contre-torpilleurs dont le déplacement est légèrement supérieur à 300 tonnes et qui ont fourni des vitesses de 31 nœuds.

Le nombre des torpilleurs et contre-torpilleurs exécutés par la Société des Forges et Chantiers de la Méditerranée est d'environ 120.

On remarque parmi les commandes d'appareils moteurs faites par la marine en 1878 et 1879, celles des croiseurs *Forfait* et *D'Estaing*, et des gardes-côtes cuirassés *Caïman* et *Requin*.

La clientèle commerciale, au cours de ces mêmes années, donne des ordres variés ; on peut citer : l'*Arménie* pour MM. Paquet ; les porteurs de minerai *Cadegal* et *Rontegui* pour la Compagnie de Denain et Anzin ; la Compagnie des Chargeurs Réunis commande le *Dom-Pedro* et la *Pampa* et la Compagnie Générale Transatlantique trois paquebots pour ses nouveaux services postaux sur l'Algérie.

Des relations suivies s'établissent avec la flotte volontaire russe qui fait effectuer sur divers paquebots un ensemble de transformations et de remplacements d'appareils moteurs et remet ensuite la commande du croiseur *Iaroslaw*.

A la suite du renouvellement de ses conventions pour la ligne postale de New-York, la Compagnie Générale Transatlantique commandait en 1884, à la Société des Forges et Chantiers de la Méditerranée, les paquebots *Bourgogne* et *Gascogne* de 155 mètres de long, qui furent mis sur cale à La Seyne ; ce même chantier entreprenait un peu plus tard la construction du cuirassé le *Pelayo* de 9.900 tonnes pour la Marine espagnole.

Les établissements du Havre commençaient à cette époque la construction de six avisos-torpilleurs type *Bombe*.

Dans le même temps, la Société fournissait à la Compagnie du Canal de Panama un important matériel comprenant 22 mécanismes de dragues. Ses plans avaient aussi été approuvés pour les mécanismes des écluses, dont l'interruption des travaux du canal ne permit pas l'exécution.

Au cours de l'année 1887, la Société des Forges et Chantiers de la Méditerranée traitait avec le Gouvernement japonais la fourniture des deux garde-côtes l'*Itsukushima* et le *Matsushima* qui se sont signalés pendant la guerre sino-japonaise ; dans le même temps, elle recevait de la Compagnie des Messageries Maritimes la commande du paquebot le *Brésil* et de cinq grands cargoboats. L'année suivante la Grèce confiait à la Société des Forges et Chantiers de la Méditerranée la construction de sa nouvelle escadre cuirassée, qui devait lui être livrée munie de son artillerie au complet.

Lorsque le Chili songea à son tour à reconstituer sa marine de guerre, il envoya en Europe une Commission présidée par l'amiral Latorre, avec mission de mettre au concours international les com-

" PELAYO "

mandes des bâtiments projetés. La Société des Forges et Chantiers de la Méditerranée obtint dans ces conditions la fourniture des croiseurs *Presidente-Errazuris* et *Presidente-Pinto* et du cuirassé *Capitan-Prat*. C'est sur ce dernier bâtiment que fut appliqué pour la première fois un système complet de manœuvre des tourelles et de l'artillerie par l'électricité.

La Société des Forges et Chantiers de la Méditerranée poursuivait également pour la navigation commerciale la recherche constante du progrès. Quand les Compagnies de chemin de fer de l'Ouest français et du London-Brighton décidèrent d'augmenter l'importance de leur service maritime entre Dieppe et Newhaven, elle fit accepter un nouveau type de paquebot à deux hélices ; le premier de ces bateaux, la *Seine*, commandé en 1890, effectua les traversées entre Dieppe et Newhaven en un temps voisin de trois heures un quart, gagnant un temps considérable sur les paquebots à roues en usage jusqu'alors. Ce type de paquebot a été encore perfectionné depuis, autant que le permettaient les conditions d'établissement des ports desservis : la

" SEINE ".

*France*, livrée au cours de l'année 1899, réalisa 3 heures 28 secondes comme temps moyen de ses traversées d'essais.

On peut mentionner pendant la période suivante, la livraison à la Marine française du cuirassé le *Marceau* et du croiseur le *Cécille* qui réalisa à ses essais la vitesse de 19 nœuds 75 ; le croiseur protégé *Zaragoza* est également fourni au Gouvernement mexicain. Un peu plus tard est entreprise la construction des appareils moteurs des croiseurs *Charner*, *Chasseloup-Laubat*, *Bugeaud*, *Friant* et *Bruix*, dont les coques sont mises en chantier dans les arsenaux de l'État.

Parmi les constructions du commerce présentant un intérêt particulier figure le *Lion*, vapeur destiné au transport du pétrole en vrac, commandé par MM. Deutsch.

Le 27 octobre 1893, le cuirassé *Amiral-Jauréguiberry* est mis à l'eau aux chantiers de La Seyne en présence de M. Carnot, Président de la République, au cours des fêtes auxquelles donna lieu le séjour sur la rade de Toulon d'une escadre russe commandée par l'amiral Avellan. L'*Amiral-Jauréguiberry* est le premier des navires de la flotte française sur lequel la manœuvre de l'artillerie ait été réalisée entièrement au moyen de l'électricité ; les quatre tourelles de ce navire ont été exécu-

" FRANCE "

tées à La Seyne comme le sont les tourelles de tous les navires qui sortent de ce chantier ; les affûts ont été fournis par les ateliers mécaniques du Havre.

Parmi les principaux bâtiments de commerce exécutés pendant les années qui ont suivi, figurent les paquebots *Italie* et *France* pour la Compagnie des Transports Maritimes, *Cholon* et *Chodoc* pour la Compagnie nationale de Navigation, cinq grands voiliers quatre-mâts pour MM. Bordes, les cargoboats *Sinaï* et *Amiral-Courbet* pour les Messageries Maritimes et les Chargeurs Réunis, et une nombreuse série de voiliers à trois et quatre mâts pour divers armateurs.

En 1893, les chantiers de La Seyne commencent la construction du croiseur *D'Entrecasteaux* et ont également à livrer à la Marine

5

française le *Linois* ; en même temps ils poursuivent l'achèvement du *Jauréguiberry* et du cuirassé garde-côtes *Bouvines*.

Vers la même époque les établissements du Havre ont à exécuter les croiseurs cuirassés *Latouche-Tréville* et *Pothuau*, un peu plus tard le *Catinat*, et pour la Russie la *Svetlana*. Mentionnons en passant que c'est sur le *Pothuau* que M. Félix Faure, Président de la République française, effectua son mémorable voyage à Cronstadt.

" POTHUAU "

MM. Landeau et Marmiesse, ingénieurs en chef des ateliers du Havre et des chantiers de Graville, décèdent à environ un an d'intervalle, en 1894 et 1895. M. Sigaudy est alors nommé ingénieur en chef des ateliers mécaniques; il réalise diverses améliorations ingénieuses dans les machines marines tout en leur donnant une grande légèreté; il établit également, de concert avec M. Normand, un type de chaudières multitubulaires d'une grande puissance qui a déjà été installé sur un certain nombre de grands croiseurs et de contre-torpilleurs.

M. Coville, qui prend en 1895 les fonctions d'ingénieur en chef des chantiers de Graville, leur imprime un développement nouveau pour satisfaire aux multiples exigences résultant de la construction simultanée des types de bateaux les plus variés pour les marines de guerre aussi bien que pour le commerce.

Pendant la période suivante les chantiers de La Seyne construisent le croiseur *Châteaurenault*, de 24 nœuds 18 de vitesse, et deux cuirassés de moyen tonnage pour le Brésil ; en 1898, on y met sur cale le croi-

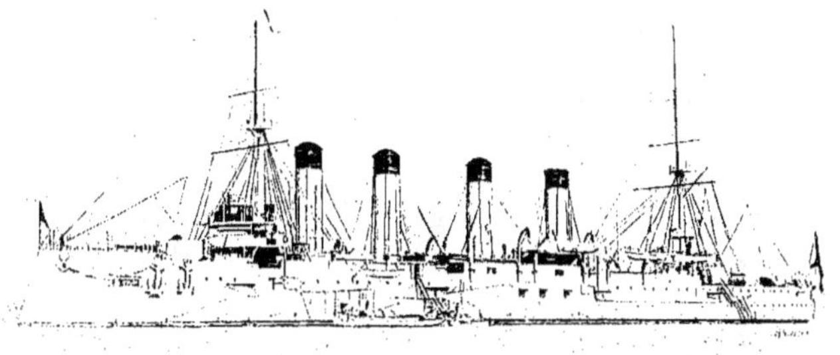

" BAYAN "

seur cuirassé *Montcalm* ; en même temps, les établissements du Havre exécutent les croiseurs *Sao-Gabriel* et *Sao-Rafael* pour le Portugal et le croiseur *Rio-de-la-Plata* pour l'Espagne avec des fonds provenant de souscriptions faites par les Espagnols habitant l'Amérique du Sud.

Un peu plus tard la Russie commande le croiseur cuirassé *Bayan*, de 7.800 tonnes, et le cuirassé *Cesarevitch*, de 13.105 tonnes. Ces deux navires, construits sur les plans de M. Lagane, se sont fait remarquer par leur excellent service dans la guerre russo-japonaise, ayant été aussitôt après leurs essais dirigés sur Port-Arthur, où ils se trouvaient au début des hostilités. Le *Bayan* effectua de nombreuses sorties pendant lesquelles il tint souvent tête à des forces supérieures ; avarié enfin par une mine sous-marine, il ne put prendre part à la bataille navale du 10 août et fut coulé par les Russes eux-mêmes à la fin du siège de Port-Arthur.

Le *Cesarevitch* atteint par une torpille au début des hostilités, évita la destruction grâce aux dispositions spéciales de sa construction, et put après réparations continuer son service dans l'escadre. A la bataille du 10 août le feu de la flotte japonaise se concentre sur lui sans réussir à lui faire éprouver d'avaries majeures ; il arrive ainsi à Kiao-Tchéou, d'où à la fin de la guerre il est rentré en Europe.

Le Gouvernement russe témoignait de nouveau sa confiance à la Société des Forges et Chantiers de la Méditerranée, en lui confiant à la suite de négociations habilement conduites à Saint-Pétersbourg par M. Widmann, la commande de onze contre-torpilleurs et d'un croiseur cuirassé semblable au *Bayan* et qui reçut le nom de l'*Amiral-Makaroff*.

Parmi les bateaux de commerce commandés à la suite de la loi de 1902, mentionnons le *Caobang* pour la Compagnie nationale de Navigation, le *Roma* pour M. M. Cyprien Fabre et C$^{ie}$, l'*Iméréthie* pour M. Paquet, la *Ville-de-Rouen* pour M. Prentout, le *Yunnan* et le *Kouang-Si* pour la Compagnie de l'Est Asiatique français.

Indépendamment de la construction du croiseur cuirassé le *Sully* et de divers lots de torpilleurs et de contre-torpilleurs, la Société prend une part importante à l'exécution du programme naval de 1900 par la construction des cuirassés *Patrie* et *Justice* et des machines de la *Démocratie*. Ces cuirassés de près de 15.000 tonnes de déplacement sont protégés par un poids de cuirasse d'environ 3.200 tonnes.

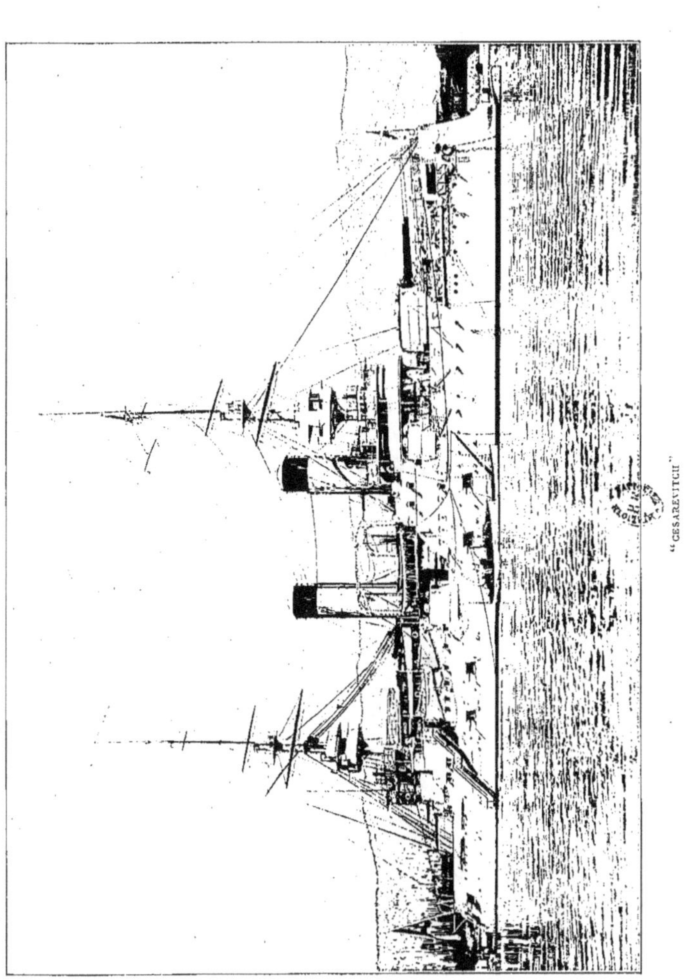

"CESAREVITCH"

Pendant le cours des années qui se sont écoulées depuis sa fondation en 1856, la Société des Forges et Chantiers de la Méditerranée a dû constamment accroître ses moyens d'action, développer et refondre sans cesse son outillage, créer de nouveaux établissements; c'est ainsi que la valeur des terrains, bâtiments, outillages de toute sorte, qui ne dépassait guère 4.500.000 francs à la fin de l'année 1857, se trouve déjà être de 7.500.000 francs environ au 31 décembre 1863. Lorsque en 1872 la Société constitue au Havre un second centre d'exploitation, la valeur des terrains, bâtiments et outillages atteint 12.400.000 francs; ce chiffre arrive aux environs de 16 millions peu après l'année 1880 et, au 31 décembre 1905, atteignait la somme de 29.089.950 francs.

Le chiffre de la production des établissements de la Société des Forges et Chantiers de la Méditerranée a également suivi une marche ascendante considérable, avec les variations que devaient nécessairement lui faire subir les périodes de prospérité de l'armement ou les crises commerciales, les intermittences dans les commandes pour la flotte nationale, l'état des relations avec les différentes puissances étrangères.

La Société a construit depuis 1856 dans ses chantiers un nombre total de coques de 1.567 réparties de la manière suivante :

Chantiers de La Seyne . . . . . . . . 1.253
Chantiers de Graville. . . . . . . . .   314

Elle a livré, comme appareils mécaniques complets plus d'un million de chevaux-vapeur, sans compter les refontes, fournitures de chaudières seules, etc.

En résumé la Société a depuis 1856 jusqu'à la fin de 1905, exécuté pour 1.073.170.803 francs de constructions de toutes espèces concernant la marine militaire, la marine marchande, l'artillerie et les industries diverses. Cette somme totale de travaux peut se diviser en trois groupes principaux :

1° Travaux pour le Gouvernement français et la marine militaire française . . . . . . . . . Fr.     395.489.832  »

2° Travaux pour les Gouvernements étrangers et leurs marines militaires . . . . . . . . . . . .     282.676.799  »

3° Travaux pour la marine du commerce et l'industrie en général . . . . . . . . . . . . . .     395.004.172  »

Total . . . . Fr.    1.073.170.803  »

1<sup>er</sup> Juin 1906.